MÉMOIRE

SUR

LA CONTESTATION EXISTANT

ENTRE

LA BANQUE

ET

LA DIRECTION DE L'ENREGISTREMENT ET DU TIMBRE,

RELATIVEMENT

AUX DROITS DE TIMBRE A PAYER

SUR

LES CERTIFICATS D'ACTIONS DE LA BANQUE DE FRANCE

DEPUIS

LA PROMULGATION DE LA LOI DU 5 JUIN DERNIER.

PARIS. — TYPOGRAPHIE PLON FRÈRES, RUE DE VAUGIRARD, 36.

MÉMOIRE

SUR LA CONTESTATION EXISTANT

ENTRE

LA BANQUE

ET

LA DIRECTION DE L'ENREGISTREMENT ET DU TIMBRE,

RELATIVEMENT

AUX DROITS DE TIMBRE A PAYER

SUR

LES CERTIFICATS D'ACTIONS DE LA BANQUE DE FRANCE

DEPUIS

LA PROMULGATION DE LA LOI DU 5 JUIN DERNIER.

Une contestation entre la Banque et la Direction de l'Enregistrement et du Timbre du département de la Seine s'est élevée, relativement à l'application de la loi du 5 juin dernier aux actions et aux certificats d'actions de la Banque de France.

Nous soutenons que cette loi n'a nullement changé la situation de la Banque et que, jusqu'à l'expiration de son privilége, elle doit continuer à payer le droit de timbre comme elle l'a acquitté jusqu'à ce jour.

La Direction de la Seine prétend, au contraire, que cette loi, modifiant l'état de choses précédent, même à l'égard des sociétés par actions qui se sont toujours conformées aux lois antérieures sur le timbre, oblige la Banque à acquitter désormais sur ses actions un droit de timbre proportionnel en remplacement de l'ancien droit de dimension.

1

Le présent mémoire contient l'exposé des considérations sur lesquelles la Banque s'appuie.

L'examen des principes généraux du droit, proclamés par le gouvernement lui-même, l'examen du texte de la loi du 5 juin dernier et l'analyse de certaines parties de la discussion qui a eu lieu dans l'Assemblée nationale mettront, je l'espère, la vérité dans tout son jour.

§ I.

Principes généraux de l'équité et du droit.

En fait, toutes les sociétés par actions peuvent se diviser en trois catégories :

1° La catégorie des sociétés par actions, actuellement existantes, et qui jusqu'à présent ont omis de payer le droit de timbre ;

2° Les sociétés par actions actuellement existantes et qui ont acquitté le droit de timbre conformément aux anciennes lois ;

3° Enfin, les sociétés futures qui seront créées après le 1er janvier 1851, délai fixé par la nouvelle loi.

En ce qui touche les sociétés futures, le législateur avait pleine et entière liberté de fixer à son gré la base et les combinaisons de l'impôt ; d'en changer la nature et d'en accroître la quotité ; ces sociétés, avant de s'organiser, auront une connaissance complète et certaine des charges qui pèseront sur elles.

En ce qui touche les sociétés actuellement entachées de contravention, le Gouvernement avait le droit et même le devoir de réclamer l'impôt fraudé, et d'exiger en outre le payement des amendes encourues, mais le législateur avait aussi le pouvoir de faire remise de l'amende et de modifier la nature du droit exigible, soit sur la demande des Compagnies intéressées, soit par voie de transaction, soit par sentiment de générosité, — bien entendu que le nouveau droit n'excéderait pas l'ancien droit augmenté de l'amende encourue. Ici point de rétroactivité, mais une transaction libérale.

Mais à l'égard des Compagnies exemptes de contravention, et auxquelles nulle amende ne saurait être appliquée, de quel droit (jusqu'à l'expiration des contrats qui les régissent) pourrait-on changer les conditions de leur existence, et leur infliger un impôt beaucoup plus fort que celui qu'elles étaient tenues de payer, et qu'elles ont effectivement acquitté? Ce serait une injustice criante, un acte évident de rétroactivé, une violation manifeste des règles générales du droit.

§ II.

Examen du texte de la loi du 5 juin dernier.

Le texte de la nouvelle loi est parfaitement conforme aux règles que nous venons de rappeler ; ce texte contient des dispositions précises à l'égard des sociétés futures et des sociétés actuelles ayant contrevenu aux anciennes lois sur le timbre. Quant aux sociétés existantes qui se sont conformées à ces mêmes lois, le texte du nouveau décret *garde sur elles un silence absolu; il n'est permis à qui que soit de suppléer à ce silence et de généraliser des dispositions fiscales uniquement applicables aux sociétés en contravention.*

C'est ce que démontre la lecture attentive du chapitre Ier du titre II de la loi, intitulée *Des actions dans les sociétés.*

S'agit-il des sociétés qui seront créées à partir du 1er janvier prochain? La loi substitue à l'ancien droit de dimension un droit proportionnel de 50 centimes pour 100 francs du capital nominal des sociétés *dont la durée n'excédera pas dix ans, et de 1 pour 100 pour les sociétés dont la durée dépassera dix années.* (Art. 14 de la loi.)

« Au moyen du droit établi par l'article précédent, les cessions de titre ou de » certificat d'actions seront exempts de tous droits et de toute formalité d'enre- » gistrement. » (Art. 15 de la loi.)

« Le titre ou le certificat d'action délivré par suite de transport ou de renou- » vellement sera timbré à l'extraordinaire ou visé pour timbre gratis, si le titre » ou le certificat primitif a été timbré. » (Art. 17 de la loi.)

Ce système est fort simple et ne peut donner lieu à aucune controverse.

En ce qui touche les sociétés actuelles, le décret du 5 juin ne les atteint point dans leur généralité; il ne s'occupe que des sociétés qui ont contrevenu aux précédentes lois sur le timbre. Par son article 20, la loi nouvelle accorde aux sociétés *en contravention* un délai de six mois pour faire timbrer à l'extraordinaire ou viser pour timbre sans amende et au droit proportionnel de 5 centimes pour 100 francs (1) les titres et les certificats d'actions qui auront été émis *en contravention* aux lois existantes antérieurement au 1er janvier 1851.

Inclusio unius, exclusio alterius.

---

(1) Le texte ajoute ici : Conformément à l'article 1er. Nous expliquerons plus tard pourquoi, comment et à quelle intention ces mots ont été insérés dans l'article 20.

(4)

En effet, puisque l'obligation d'acquitter un droit de timbre proportionnel est imposée uniquement aux sociétés en contravention, il ne peut être exigé des sociétés qui ne sont pas en contravention et dont l'article 20 ne parle pas. Celles-là doivent continuer à acquitter le droit de dimension prescrit par les anciennes lois ; l'article 20 ne peut donc être invoqué contre la Banque par M. le Directeur du Timbre. A quel autre article pourrait-il recourir pour atteindre cet établissement ? A aucun (1).

Vainement M. le Directeur du Timbre répéterait-il ce qu'il a déjà soutenu verbalement, savoir : que la loi n'a pas entendu créer trois catégories de sociétés, qu'elle n'en a reconnu que deux, que cette même loi a entendu statuer d'une manière générale, que l'admission d'une troisième catégorie entraînerait une complication plus grande dans une matière déjà fort compliquée. L'erreur de cette argumentation est manifeste, car de ce que la loi du 5 juin ne soumet à de nouvelles dispositions que deux catégories de sociétés, il n'est pas moins vrai qu'une troisième catégorie existe en réalité. Or, en ne statuant que sur deux catégories, la loi a évidemment laissé la troisième catégorie, dont elle n'a pas parlé, sous l'empire des lois antérieures.

La loi a-t-elle statué d'une manière générale ? Oui, en ce qui concerne les sociétés futures ; non, s'il s'agit des sociétés actuelles ; à cet égard, elle n'a prononcé que partiellement ; les règles qu'elle a établies ne sont applicables qu'à certaines sociétés qui se trouvent dans une situation spéciale. M. le Directeur du Timbre confond probablement les règles applicables à l'avenir et les règles qui concernent le présent et le passé.

---

(1) Serait-ce aux articles 21 et 22 de la loi ? Nous avons vu que les articles 15 et 17 affranchissaient de tout droit les mutations successives d'actions des sociétés qui seront créées postérieurement au 1er janvier prochain, mais sous la condition expresse du payement préalable d'un droit de 1/2 ou de 1 pour 100 sur le capital nominal de ces mêmes sociétés futures.

L'article 21, au contraire, exige le payement d'un nouveau droit de timbre proportionnel à raison de 5 centimes par 100 pour chaque renouvellement des titres énoncés à l'article 20. Quels sont ces titres ? Nous venons de l'expliquer, ce sont uniquement les *titres des sociétés en contravention ;* l'article 21 ne concerne donc en rien la Banque de France.

L'article 22 déclare que « les sociétés, compagnies ou entreprises pourront s'affranchir des obliga-» tions imposées par l'article 14 et 20 en contractant avec l'Etat un abonnement pour toute la durée » de la société. »

Or, l'article 14 ne statue que sur les sociétés futures et l'article 20 ne statue que sur les sociétés actuelles entachées de contravention ; donc, ni l'un ni l'autre de ces articles ne concerne la Banque, qui s'est abstenue de toute contravention.

Son raisonnement ne serait fondé qu'autant qu'une disposition de la loi du 5 juin aurait déclaré nettement qu'à partir de sa promulgation, ou, si l'on veut, à partir du 1er janvier prochain, toutes les sociétés généralement quelconques deviendraient passibles d'un droit proportionnel. Mais le texte de la loi nouvelle ne contient rien de pareil, et une semblable disposition ne saurait être considérée *comme sous-entendue.* Les lois d'impôt doivent être littéralement exécutées; un arrêt de la Cour de cassation, plusieurs fois cité dans la discussion de la loi du 5 juin, rappelle formellement cet axiome de droit : « *En matière d'im-* » *pôt,* dit cet arrêt, *il est de principe que les perceptions doivent être soigneusement* » *restreintes dans les limites fixées par la loi et ne peuvent être étendues par voie* » *d'interprétation* (1). »

Mais, dira-t-on peut-être, la loi du 5 juin a déclaré que l'ancienne législation prescrivait ou autorisait la perception d'un droit de timbre proportionnel sur les actions, et non l'application d'un droit de dimension, d'où il s'ensuivrait que l'Administration du timbre, en demandant aujourd'hui un droit proportionnel, même aux sociétés exemptes de contravention, ne fait que poursuivre l'exécution de la législation antérieure.

Nous répondrions que cette déclaration, si elle eût figuré dans la loi du 5 juin, aurait été erronée et mensongère, mais que cette supposition est parfaitement gratuite, parce que cette déclaration ne se trouve nulle part dans le texte de la loi du 5 juin.

De plus, nous prouverons 1° que les doutes sur le sens de l'ancienne loi n'ont surgi qu'au moment de la discussion de la loi nouvelle; 2° que l'intention du législateur (laquelle, dans aucun cas, ne saurait prévaloir sur le texte de la loi, ainsi que cela a été jugé maintes fois) a été, au contraire, d'affranchir du timbre proportionnel les sociétés exemptes de contravention, droit proportionnel que la loi n'a déclaré être applicable qu'aux sociétés ayant émis des actions non timbrées.

Mais, pour mettre nos deux assertions dans une complète évidence, il est indispensable de rappeler les antécédents et de faire l'analyse d'une discussion obscure et confuse et dont il est parfois très-difficile de saisir la marche et le véritable sens, travail ingrat, mais indispensable et qui paraîtra peut-être très-fastidieux à ceux qui seront obligés d'en prendre lecture.

---

(1) Arrêt du 8 février 1837.

§ III.

Constatation de l'ancienne législation et de la juris-prudence de l'administration.

Examinons d'abord l'ancienne législation et les antécédents de l'Administration : c'est là le point de départ.

Nous mentionnons pour ordre la loi du 12 décembre 1790, promulguée le 18 février 1791, laquelle avait prescrit d'écrire *sur papier timbré* une multitude de titres et de documents, parmi lesquels figurent *les actions faites pour des entreprises de commerce et de banque,* et ajoutant (art. v) qu'on *sera libre d'user, pour tout acte, toute pièce ou écriture assujettis au timbre, du papier de telle dimension que l'on voudra.*

L'article 12 de la loi du 13 brumaire an VII est ainsi conçu :

« *Sont assujettis au droit de timbre* ÉTABLI EN RAISON DE LA DIMENSION *tous les pa-* » *piers à employer pour les actes et écritures soit publics, soit privés, savoir,* » etc. Suit une longue nomenclature de titres, dans laquelle se trouvent ces énonciations : « *Les actes entre particuliers sous signature privée . . . . et généralement* » *tous actes et écritures,* EXTRAITS, *copies et expéditions, soit publics, soit privés,* » *devant ou pouvant faire titre, ou être produits pour obligation, décharge, justi-* » *fication, demande ou défense.* »

C'est en vertu de cet article que l'Administration, depuis plus d'un demi-siècle, a perçu sur les actions des sociétés commerciales le *droit de timbre de dimension;* si une autre loi applicable à ces valeurs eût prescrit la perception d'un droit de timbre proportionnel, comprendrait-on que l'Administration fût restée à cet égard dans une ignorance absolue ?

Une décision ministérielle, en date du 10 août 1814, est remarquable parce qu'elle concerne précisément la Banque de France; cette décision porte ce qui suit : « *Les certificats d'inscription d'actions de banque....,* formant le titre qui » déclare les actionnaires propriétaires *d'une part du capital de la Banque, sont* » *compris par cela même dans la classe des actes désignés par l'article* 12 *de la loi* » *du* 13 *brumaire an VII,* portant que tous actes et écritures, *extraits,* copies et » expéditions, soit publics, soit privés, devant ou pouvant faire titre ou être pro- » duits pour obligation, décharge, justification, demande ou défense, *doivent* » *être soumis au timbre établi à raison de la dimension du papier sur lequel ils sont* » *rédigés.* »

Depuis l'an 1814 jusques et y compris l'époque de la présentation du projet de loi sur le timbre, les croyances et la jurisprudence du Gouvernement et de l'Administration ont-elles varié? En aucune façon, et les preuves de ce fait abondent.

L'exposé des motifs du premier projet de loi, présenté le 24 octobre 1848, par l'avant-dernier prédécesseur du Ministre actuel, reproduit mot à mot l'article 12 de la loi du 13 brumaire an VII (1). Le texte du projet est conforme à cette déclaration (2). Le rapport de la première Commission, déposé à l'Assemblée le 30 janvier 1849, mais non suivi de discussion, n'est pas moins explicite (3). Cette première Commission a proposé un amendement plus net encore que la rédaction du Gouvernement (4).

Ce premier projet de loi ayant été retiré, le prédécesseur immédiat du Ministre des Finances actuel en présenta un second, le 1ᵉʳ octobre 1849; ce second exposé des motifs tient absolument le même langage que le premier (5).

---

(1) « *Les actions* (dit l'exposé des motifs du projet de 1848) *sont des extraits de l'acte de société ;* » *ils sont incontestablement assujettis au timbre de dimension par la disposition finale du Nº 1ᵉʳ de* » *l'article 12 de la loi du 13 brumaire an VII, concernant tous actes, écritures, extraits, copies et* » *expéditions, soit publics, soit privés, devant ou pouvant faire titre ou être produits pour obli-* » *gation, décharge, justification, demande ou défense.* » (*Moniteur* de 1848, page 2990, 3ᵉ colonne.)

(2) L'article 7 du premier projet est ainsi conçu : « Il est accordé un délai de six mois pour faire » timbrer ou viser pour timbre sans amende les actions des compagnies ou sociétés d'actionnaires » qui auront été délivrées en contravention aux lois sur le timbre antérieurement à la promulgation » du présent décret. » Ce texte ne mentionne pas le droit de dimension; mais l'exposé venait de déclarer que l'article 12 de la loi du 13 brumaire an VII était seul applicable.

(3) Le rapport de la première Commission s'exprime en ces termes : « Les actions sont des extraits » de l'acte de société, et la disposition finale du Nº 1ᵉʳ de l'article 12 de la loi du 13 brumaire an VII » leur est applicable. *Elle assujettit au timbre de dimension tous les extraits*, copies, expédi- » tions, etc. (*ut supra*). » *Moniteur* 1849, page 402, 3ᵉ colonne.

(4) *Texte de l'amendement proposé par la première Commission* (art. 16) : « Il est accordé un » délai de six mois pour faire timbrer ou viser pour timbre sans amende, *et au droit de 35 centimes* » *par action les certificats d'actions* qui auront été délivrés en contravention aux lois sur le timbre » antérieurement au 1ᵉʳ avril 1849. »

(5) « Le texte de la loi relative aux actions *dans les sociétés de commerce de finances et d'industrie* » *est positif*, dit ce second exposé des motifs. En effet, les actions sont des *extraits de l'acte de* » *société* qui a été enregistré...... *Ils sont incontestablement assujettis au timbre de dimension* par la » disposition finale du Nº 1ᵉʳ de l'article 12 de la loi du 13 brumaire, concernant tous actes, écritures, » *extraits*, etc. (*ut supra*). » *Moniteur* 1849.

Le texte du second projet de loi, emprunté à la précédente Commission, déclare nettement, comme l'exposé des motifs, que l'ancienne législation n'avait prescrit que la *perception d'un droit de timbre fixe* sur les *actions commerciales ou industrielles.*

L'article du second projet était ainsi conçu : « Il est accordé un délai de six » mois pour faire timbrer ou viser pour timbre sans amende *et au droit fixe de* » 35 *centimes par action* les certificats d'actions qui auront été délivrés *en contra-* » *vention aux lois sur le timbre* antérieurement au premier janvier 1851.

La seconde Commission, composée en partie des membres de la première, et ayant choisi le même rapporteur, déposa son rapport le 31 janvier 1850; ce travail non-seulement admit le droit de dimension pour les sociétés en contravention, mais encore, par un changement de rédaction, elle aggrava de beaucoup, au détriment des sociétés contrevenantes, la proposition du Gouvernement (1).

En résumé, à dater du 18 février 1791, ou, si l'on veut, à dater du 13 brumaire an VII, c'est-à-dire pendant cinquante ou soixante années, aucun doute ne s'est élevé sur le sens de l'ancienne législation; au contraire, il y a eu dans le public comme dans le Gouvernement notoriété, conviction, certitude, que l'article 12 de la loi du 13 brumaire an VII était seul applicable aux sociétés par actions.

Si l'on considère que depuis la révolution de Juillet deux projets de loi, présentés par le Gouvernement, confirmés par deux rapports ainsi que par les propositions de deux Commissions successives, ont déclaré uniformément que

---

(1) Le second rapport toutefois renferme quelques passages louches, provenant plutôt d'un défaut de clarté dans certaines parties de sa rédaction que d'une dissidence sur le fond du droit. Ce rapport traite simultanément des dispositions législatives qui concernent *le droit de timbre* et de celles qui concernent *le droit d'enregistrement* (droits très-différents et qui ne sont pas soumis aux mêmes règles). Le rapporteur s'occupe à la fois des considérations qui motivent la création du droit proportionnel pour les sociétés futures et de l'examen des lois anciennes, confusion qui a pu faire croire à quelques personnes que ces considérations s'appliquaient aussi bien au passé qu'à l'avenir, assertion tout à fait erronée et qu'il convient de relever.

« *D'après l'ancienne législation,* dit ce rapport, page 22, l'action était soumise *à un timbre de* » *dimension si le certificat était un simple extrait de l'acte de société, et de plus, à chaque cession,* » *elle payait un nouveau droit de timbre* (ceci est très-correct). Mais, ajoute le rapporteur, si l'action » était au porteur ou transmissible par endossement, *on aurait pu exiger* un timbre proportionnel.... » comme pour les billets à ordre. » Ici l'erreur était évidente : comment aurait-on pu exiger des droits de timbre différents pour deux catégories d'actions *qui étaient également des extraits de l'acte de société.* Dans quel texte aurait-on trouvé une distinction *dont aucune loi n'avait fait mention ?* C'est

les actions n'étaient passibles que du timbre de dimension, il deviendra difficile de comprendre comment on a pu jeter de l'obscurité et sur l'ancienne législation, et sur une jurisprudence semi-séculaire, laquelle, à défaut d'un texte de loi, aurait eu à elle seule l'autorité d'une loi.

Pour arriver à ce résultat, il a fallu un véritable tour de force ; mais observons que ces doutes n'ont éclaté devant l'Assemblée que le jour même de la discussion et du vote de cette partie de la loi ; que plusieurs amendements très-graves ont été présentés, discutés et votés séance tenante, sans impression préalable, contre l'usage de l'Assemblée, qui, dans cette circonstance, ne s'est pas laissé le temps de la réflexion, ce qui explique suffisamment la confusion qui a régné dans ce débat parlementaire.

§ IV.

Analyse de la discussion de la loi.

Nous venons de dire que l'amendement formulé par la seconde Commission était plus sévère que la proposition du Gouvernement.

En effet, l'amendement supprimait ces mots : DROIT DE 35 CENTIMES, et les remplaçait par ceux-ci : TIMBRE DE DIMENSION (1), différence de rédaction très-légère en apparence, mais qui, en réalité, empirait singulièrement la position d'une multitude de compagnies ayant émis des actions non timbrées. Voici comment :

Personne n'ignore que l'article 62 de la loi du 28 avril 1816 fixe ainsi qu'il suit le tarif du droit de timbre de dimension :

---

ce que le rapporteur reconnaît lui-même quelques lignes plus bas, en avouant que l'ancienne législation *n'avait parlé ni des actions au porteur, ni des actions à ordre,* « que ces dispositions *n'avaient* » *jamais été interprétées dans ce sens par l'administration, que celle-ci s'était au contraire toujours* » *refusée à admettre la similitude* (entre une action au porteur et un billet à ordre), et qu'elle avait » *constamment* exigé le droit (d'enregistrement) *de* 50 *centimes par chaque cession sans les astreindre* » *au droit proportionnel. Toujours est-il que le droit le plus certain pour les actions était d'un timbre* » *fixe.* » C'est en ces termes que le rapporteur, après avoir levé un doute, s'est rallié à la doctrine et aux propositions du Gouvernement.

---

(1) *Texte du projet du Gouvernement.*	*Texte de l'amendement de la Commission.*
Il est accordé un délai de six mois pour faire timbrer à l'extraordinaire ou viser pour timbre sans amende et *au droit de* 0 *fr.* 35 *par action,* etc.	Il est accordé un délai de six mois pour faire timbrer à l'extraordinaire *au timbre de dimension,* ou viser pour timbre sans amende et *au droit fixé par les lois existantes,* etc.

Demi-feuille de petit papier. . . . . 0 fr. 35 cent.
Feuille de petit papier. 0   70
Feuille de papier moyen. 1   25
Feuille de grand papier. 1   50
Feuille de dimension supérieure. 2   »

Le Gouvernement, usant d'indulgence, n'avait réclamé que le *minimum* du tarif, quelle que fût la dimension du papier sur lequel les actions non timbrées avaient été imprimées ; la Commission, en renvoyant purement et simplement à l'application du tarif, condamnait au payement d'un droit fixe (*très-supérieur au minimum*), toutes les actions non encore timbrées, excédant en dimension *une demi-feuille de petit papier*.

Or, la majeure partie des Compagnies existantes avaient fait imprimer leurs actions sur du papier grand format, orné de dessins, d'emblèmes et de citations des statuts, etc.

Par là, elles s'étaient exposées à payer les droits de dimension sur le pied de 1 fr. 50 et même de 2 fr., au lieu d'avoir simplement à acquitter le droit minimum de 0 fr. 35 centimes.

Le dommage pour ces sociétés eût été très-considérable ; il est aisé d'en faire le calcul en ce qui concerne les Compagnies de chemins de fer dont le capital est divisé en actions de 500 fr.

Ces sociétés sont au nombre de 21, leur capital s'élève à la somme de 744 millions, et le nombre des actions à 1,488,000 (1).

Au droit minimum de dimension, ces Compagnies auraient eu à payer ci. . . . . 520,800 fr.
Au droit de 1 fr. 25. 1,860,000
Au droit de 1 fr. 50. 2,232,000
Au droit maximum de 2 fr. 2,976,000

Mais un semblable calcul est impossible à établir pour une multitude de compagnies industrielles répandues sur toute la France, et exploitant des mines, des forges, des ateliers de filature ou de tissage de coton, de laine et de lin, des fabriques de produits chimiques, de sucre indigène, des raffineries, des papeteries, etc., etc., sociétés dont les capitaux sont pour la plupart également divisés

---

(1) Nous excluons de ce calcul les sociétés de chemins de fer dont le capital est divisé en coupures supérieures à la somme de 500 fr.

én actions de 500 fr. : la simple nomenclature de ces sociétés fera comprendre la portée de l'amendement de la Commission.

Il ne faut donc pas s'étonner si ces sociétés, émues de frayeur, se sont évertuées à l'envi, afin d'obtenir une meilleure composition; les délégués de quelques-unes de ces Compagnies ont réclamé auprès de la Commission, beaucoup d'actionnaires ont adressé des plaintes individuelles à ceux des membres de l'Assemblée qu'ils pouvaient connaître (1). On peut ajouter avec vérité que ces réclamations ont, en général, été écoutées avec bienveillance, car ces sociétés étaient dignes d'intérêt; elles avaient été cruellement éprouvées par la Révolution de février; toutes leurs actions étaient en baisse; les assujettir tout à coup à une taxe considérable, que (mieux avisées) elles auraient pu éviter, mais qu'elles n'avaient point prévue, c'eût été un procédé fort dur.

Ces Compagnies réclamaient surtout la suppression du droit de dimension, et son remplacement par un droit de timbre proportionnel de 5 centimes par 100 francs. Cette combinaison, en effet, leur était encore plus avantageuse que l'application du minimum du droit de dimension, car chaque action de 500 fr. n'aurait eu à payer que 0 fr. 25 au lieu de 0 fr. 35. Dans cette hypothèse, la totalité des droits à acquitter par les Compagnies de chemins de fer se serait réduite à une somme de 372,000 fr. De 372,000 à 3 millions, la différence était grande.

Jusqu'à quel point ces considérations d'équité ont-elles agi sur la Commission? C'est ce que nous verrons tout à l'heure. Mais comment passer de plein saut, de l'application rigoureuse du tarif du droit de dimension, à la concession d'un droit proportionnel inférieur au minimum de ce même droit fixe? Sur quelles considérations motiver une si forte contradiction? N'était-il pas opportun de chercher une rédaction ambiguë, peu susceptible d'être admise, mais qui, rejetée ou modifiée, pouvait conduire, comme transition, à l'admission d'un droit proportionnel?

C'est le 4 juin, plus de quatre mois après le dépôt du rapport de la Commission, qu'eut lieu la discussion de l'article 20, destiné à régler le sort des sociétés en contravention.

Dans l'intervalle, la Commission s'était divisée; la majorité présenta, à l'ouverture du débat, un nouvel amendement ainsi conçu : « Il est accordé un délai

---

(1) Faits mentionnés dans la discussion.

» de six mois pour faire timbrer à l'extraordinaire ou viser pour timbre sans
» amende, *au droit fixé par les lois existantes,* » etc., etc.

La mention *du droit de dimension,* aussi bien que l'*indication de la quotité du droit* à acquitter, avaient disparu de la rédaction précédente de la Commission.

Aussitôt la minorité de la Commission présenta, par l'organe de M. Lebeuf, un contre-amendement qui reproduisait en partie le texte proposé par le Gouvernement, en ce que cette rédaction *énonçait l'obligation de payer un droit fixe de 0 fr.* 35, mais qui différait cependant du projet de loi en ce qu'un seul droit de timbre devait être perçu sur *chaque certificat d'actions,* n'importe le *nombre d'actions porté sur chacun de ces certificats.* Ce système fut habilement défendu par M. Lebeuf d'abord et ensuite par MM. Benoist d'Azy, Berryer et Vatimesnil.

M. le Ministre des Finances, d'accord avec la minorité de la Commission sur la quotité du droit, mais en désaccord avec elle sur l'application d'un timbre unique sur chaque certificat, réclama l'adoption pure et simple du projet primitif, c'est-à-dire le payement d'un droit de 35 *centimes par chaque action.*

Pourquoi la majorité de la Commission proposait-elle une rédaction si différente de la première? C'est ce qu'on lui demanda tout d'abord; le rapporteur répondit qu'il y avait « *doute sur la nature du timbre prescrit par l'ancienne légis-*
» *lation.* Le droit devait-il être un timbre proportionnel ou bien un timbre de
» dimension? En présence de ce doute que faire (1)?... La majorité de la Com-
» mission *a cru qu'elle devait respecter les lois existantes et laisser à chacun le*
» *bénéfice de ces lois, le droit de jouir de ces lois sans les interpréter.* »

Plus tard, un autre membre de la majorité de la Commission (M. Chégaray) (2) ajouta : « Nous croyons personnellement.... (nous n'avons pas d'opinion à
» émettre sur une loi existante au nom d'une Commission de l'Assemblée), mais
» personnellement, je le répète.... *la plupart d'entre nous croyaient* que cette
» pratique (celle de payer un droit proportionnel de 0 fr. 05 par 100 francs),
» de telle sorte qu'une action de 500 payât 25 centimes, *était à la fois plus juste,*
» *plus équitable et plus conforme au texte des lois existantes....* »

.... « Dans cette situation, ajoute l'honorable représentant, vous comprenez
» quel était l'embarras de la Commission. Son désir aurait été de faire fixer
» d'une manière précise le droit proportionnel *parfaitement équitable et juste de*
» 5 *centimes par* 100 *francs;* mais, d'un autre côté, elle ne voulait pas porter

---

(1) Lire le discours du Rapporteur, *Moniteur,* page 1932, 1re et 2e colonnes.
(2) Voir le discours de M. Chégaray, *Moniteur,* page 1933, 1re et 2e colonnes.

» *atteinte à ce grand principe de la non-rétroactivité des lois.... La Commission a*
» *dû s'arrêter à la pensée de laisser aux tribunaux le soin de résoudre les difficultés;*
» *si cela n'est pas le plus expédient, cela est plus conforme aux principes. Si vous*
» *vous prononciez dans un sens ou dans l'autre, vous jugeriez les procès, vous les em-*
» *pêcheriez d'être jugés par ceux qui sont compétents, et vous les jugeriez, vous qui*
» *ne l'êtes pas !* »

Ainsi, la majorité de la Commission, tout en soutenant la doctrine du silence à l'égard du droit à acquitter, n'hésitait pas à déclarer que son désir et son opinion étaient qu'il ne fût perçu qu'un droit proportionnel de 25 centimes par action de 500 au lieu d'un timbre de dimension.

En vertu de quels arguments et par quelles découvertes la majorité de la Commission était-elle passée de la conviction que (selon l'ancienne législation) *le droit le plus certain sur les actions était d'un timbre fixe,* à cette autre conviction diamétralement opposée, savoir : que l'application aux actions du timbre proportionnel de 5 centimes par 100 *était la plus conforme aux lois existantes ?*

Dans les diverses phases de la discussion trois motifs ont été allégués pour justifier cette contradiction. Je n'en ai pas trouvé d'autres.

1° On a excipé de plusieurs arrêts de la Cour de cassation rendus en l'année 1837, arrêts parfaitement inapplicables, parce qu'ils ne concernent que le droit d'enregistrement et qu'ils ne disent pas un mot du droit de timbre (1).

---

(1) Le Rapport de la Commission avait déjà mentionné ces arrêts de la Cour de cassation (page 21), mais seulement en procédant à l'examen de l'ancienne législation *sur le droit d'enregistrement.* En lisant ces arrêts on se convaincra qu'ils se bornent à statuer sur divers litiges relatifs *au payement du droit d'enregistrement;* leurs considérants mentionnent l'article 69 de la loi du 22 frimaire an VII, « *lequel a assujetti au droit d'enregistrement de 50 centimes par 100 les billets à ordre, les cessions* » *d'actions et coupons d'actions mobilières* des Compagnies d'actionnaires, et tous autres *effets négo-* » *ciables de particuliers ou de Compagnies, à l'exception des lettres de change de place sur place.* » Mais de ce que la loi de frimaire an VII avait établi un droit d'enregistrement proportionnel de 50 cent. pour 100 fr. sur les actions aussi bien que sur certains effets de commerce, il n'était nullement permis d'en induire que cette même loi eût frappé les actions *d'un droit de timbre proportionnel* de pareille quotité (soit de 50 cent. pour 100), surtout lorsqu'on voulait aboutir à démontrer qu'il fallait percevoir sur les actions, non pas un timbre proportionnel de 1/2 pour 100, mais seulement un droit de timbre de 5 cent. par 100 fr.

C'est pourtant ce que M. le Rapporteur a soutenu dans la séance du 4 juin, mais avec une certaine timidité : « *A l'égard du droit d'enregistrement* qui n'avait pas été déterminé par la loi de frimaire » an VII, a-t-il avancé, je dois dire à l'Assemblée que la Cour de cassation a reconnu que les actions » étaient assimilées aux effets de commerce et assujetties à un droit de 50 cent. par 100 fr. En con-

2° On a qualifié de PRATIQUE de l'Administration quelques perceptions exceptionnelles effectuées à une époque très-récente par quelques agents inférieurs, perceptions d'ailleurs désavouées et censurées par l'Administration supérieure (1).

3° Enfin, on a donné lecture à l'Assemblée de l'article 14 de la loi du 13 brumaire an VII, article dont l'application n'avait jamais été invoquée à l'égard du droit de timbre des actions, et dont le texte (par inadvertance) a été altéré de manière à en changer complétement le sens (2).

» séquence, *on pourrait peut-être soutenir que le timbre des actions doit être aussi proportionnel...* » Ce n'est pas mon opinion que je vous apporte, c'est un doute qui existe dans l'esprit de la Commis- » sion, » etc. Tel a été le langage du Rapporteur (*Moniteur*, page 1932, 1re colonne). Le curieux de la chose, c'est que le plus énergique contradicteur de la majorité de la Commission s'est laissé abuser par cette méprise; il a paru admettre la supposition très-gratuite que les arrêts de la Cour de cassation (que sans doute il n'avait pas sous les yeux) rendus *en opposition avec l'administration avaient prescrit ou autorisé la perception d'un timbre proportionnel sur les actions* (*Moniteur*, même page et même colonne).

(1) Relativement aux antécédents, M. le Rapporteur a dit ce qui suit : « D'après les usages des ad- » ministrations, usages dont M. le Directeur général vient de me rappeler l'existence, *on ne percevait* » *habituellement que le timbre de dimension sur les actions ;* cependant *il serait* arrivé QUELQUEFOIS » que, pour les actions au porteur et pour les actions transmissibles par voie d'endossement, *on au-* » *rait perçu un droit proportionnel.* »

Quelquefois mis en regard du mot *habituellement*, de quel côté est la jurisprudence? M. Chégaray a insisté sur la même particularité (*Moniteur*, page 1933, 1re colonne).

« Nous avons cherché, a-t-il dit, quelle était *la pratique de l'Administration.* Quelques-uns des » intéressés sont venus au sein de la Commission nous présenter des actions *qu'ils avaient fait tim-* » *brer au droit proportionnel de 5 cent. par 100 fr.* »

M. Chégaray, quelques lignes plus bas, a loyalement détruit toutes les conséquences que l'on pourrait tirer de ces perceptions exceptionnelles, en informant l'Assemblée que « *les chefs supérieurs de* » *l'Administration, entendus par la Commission, avaient blâmé cette pratique et qu'ils ont prétendu* » *que ce n'était pas un droit proportionnel..., mais un droit de dimension qui aurait dû être perçu.* » A quoi se réduit donc l'autorité de cette prétendue pratique? A quelques erreurs commises par des subalternes à l'insu et contre la volonté de la haute administration.

On aurait pu citer un fait bien contradictoire à ceux que mentionnait M. Chégaray : Un honorable industriel, membre de la Commission, la veille ou l'avant-veille du vote de la loi, a fait timbrer au timbre de dimension les actions d'une société dont il était fondateur.

(2) Le même orateur, pour prouver que le droit proportionnel sur les actions avait été établi par les lois anciennes a cité l'article 14 de la loi du 13 brumaire an VII; mais en quels termes en a-t-il donné lecture? C'est ce qu'il faut examiner (*Moniteur*, page 1933, 3e colonne) : « Sont assujettis *au* » *droit de timbre en raison des sommes* (—) les valeurs, les billets à ordre et au porteur, les inscrip-

Tels sont les arguments par lesquels la majorité de la Commission s'est efforcée non pas de trouver la lumière, mais d'entourer d'incertitude et de ténèbres, et l'ancienne législation sur le timbre, et la jurisprudence de l'Administration.

Rien de plus facile qu'une réfutation péremptoire de ces diverses allégations, et cependant, chose étrange, personne n'a songé à se charger de cette tâche, on a paru croire presque généralement que la législation ancienne était en réalité très-obscure.

Que la plupart des membres de l'Assemblée aient admis cette croyance, cela s'explique aisément, ils n'avaient pas fait d'étude particulière sur cette matière ardue et compliquée, et ils entendaient des assertions qui n'étaient pas démenties ;

Mais que le doute ait gagné jusqu'aux hommes spéciaux qui depuis longtemps discutaient ces questions, c'est ce qui paraît moins naturel.

Un membre appartenant à la minorité de la Commission s'est effrayé du nombre de procès qui viendrait assaillir le Gouvernement si la quotité du droit n'était pas inscrite dans le texte de la nouvelle loi.

Tout le monde exprimait la même crainte, et pourtant ces procès, si tant est qu'il s'en fût élevé, n'auraient été ni longs ni difficiles à juger (1).

» tions, mandats, mandements, ordonnances et tous autres effets négociables et de commerce, même » les lettres de change tirées par seconde et troisième. »

Ouvrez maintenant le *Bulletin des lois*, et vous trouverez que ce texte est ainsi conçu :

« Sont assujettis au droit de timbre, à raison des sommes *et valeurs* (—), les billets à ordre et au » porteur, » etc.

Ainsi, le mot valeur n'est point compris dans la nomenclature des titres passibles d'un droit proportionnel, il n'est qu'indicatif de la base d'après laquelle la quotité du droit proportionnel doit être calculée. L'erreur est considérable, parce que l'on pourrait soutenir assez spécieusement qu'une action *est une valeur de commerce,* tandis qu'il est impossible de prétendre raisonnablement qu'une action est un *billet à ordre ou au porteur, un mandat, un mandement, une lettre de change ou tout autre effet négociable ou de commerce.* Jamais, au grand jamais, dans la langue commerciale, une action n'a été qualifiée du titre d'*effet de commerce.*

Rendons justice à la bonne foi de M. Chégaray : aussitôt après cette lecture, il s'est empressé de déclarer *que ce texte n'était pas tellement clair qu'il ne pût donner lieu à discussion et à interprétation.* Cette citation n'a pu d'ailleurs influencer l'Assemblée, puisque ce texte tronqué n'a été lu qu'après le vote définitif de l'article 20.

(1) Remarquez que le Gouvernement ne réclamait que le minimum du droit de dimension ; les

On pourrait supposer que les partisans des divers systèmes s'accordaient tacitement à admettre des doutes qui leur permettaient de délaisser le terrain de la légalité pour se placer sur celui de l'équité : effectivement les membres de la minorité de la Commission , aussi bien que les membres de la majorité, faisaient valoir à l'envi des considérations de justice et d'équité (1), et M. le Ministre des Finances lui-même prononçait le mot de transaction.

Les uns et les autres s'accordant à répéter que l'absence de la désignation du droit à acquitter *jetterait l'Administration ainsi que les parties intéressées dans des embarras inextricables*, M. Chégaray, après avoir démontré avec beaucoup de force et d'éloquence que l'Assemblée ne pouvait interpréter les lois anciennes sans excéder ses pouvoirs et sans usurper des fonctions judiciaires en statuant sur de véritables procès, déserta brusquement cette conviction et termina son discours par un conseil qui contrastait d'une façon bizarre avec ses paroles précédentes. « *Si vous voulez trancher dans le vif,* dit-il à l'Assemblée, *adoptez une* » *rédaction qui dira que les actions seront soumises au droit proportionnel de* » *5 centimes par 100 francs, fixé par les lois existantes.* De cette manière , » *vous résoudrez toutes les difficultés et vous arriverez à une solution équitable.* » En d'autres termes, M. Chégaray présenta à l'Assemblée ce raisonnement : Attendu que je trouve l'ancienne législation obscure et douteuse, attendu que je vous refuse formellement le droit de l'interpréter, je vous propose de déclarer que cette législation est positive et certaine. Cette proposition soudaine fut accueillie avec faveur par une partie de l'Assemblée (2).

---

possesseurs des actions de 500 fr. n'avaient pas un très-grand intérêt à plaider contre le Gouvernement, et, dans tous les cas, le litige eût porté seulement sur l'alternative d'un droit de 35 ou de 25 centimes par action.

(1) Voici en quels termes s'exprimait l'organe de la minorité : « Tout le monde est d'accord *qu'il y* » *a justice* à ne demander que 35 centimes par action ; et maintenant, si nous demandons l'avis du » Gouvernement, *en présence des procès sans nombre dont il sera assailli,* je suis convaincu qu'il » viendra vous dire aussi que, *pour sortir d'embarras, pour n'avoir qu'un poids et une mesure, il* » *préfère le timbre de 35 centimes.* » On voit que l'orateur, au lieu de s'appuyer exclusivement sur le texte parfaitement clair des lois anciennes, invoquait des considérations de justice en faisant valoir l'utilité de *sortir d'embarras* par un *expédient équitable.*

(2) Nous avons plus que suffisamment démontré que la législation antérieure n'avait point assujetti les actions à un droit proportionnel, mais bien au payement du droit de timbre de dimension. L'assertion contenue dans la proposition de M. Chégaray était donc visiblement contraire à la vérité ; cette combinaison était-elle du moins équitable? Pas davantage, car si le droit de 5 centimes par 100 francs

L'amendement, ou plutôt le conseil de M. Chégaray, qui obtint la priorité sur l'amendement de M. Lebeuf, fut mis aux voix et adopté. Ce vote semblait terminer la question; mais, par une singularité digne de remarque, quelques instants plus tard le texte proposé par M. Chégaray fut modifié du tout au tout du consentement de l'Assemblée et sans qu'aucune réclamation préalable vînt s'opposer à ce nouveau vote.

Ici nous devons citer textuellement le *Moniteur*.

Un membre de la Commission, M. Champanet, craignant sans doute que l'on ne fît l'application de l'amendement de M. Chégaray aux sociétés existantes qui s'étaient conformées aux anciennes lois sur le timbre, fit cette observation :

« Il y a encore une difficulté : il existe des actions anciennes déjà timbrées, » et timbrées au timbre de dimension. »

Le Président de l'Assemblée. « On n'a rien à leur dire, à celles qui sont » timbrées. »

M. le Ministre des Finances. « Je crois qu'il serait *bien de rédiger un article* » *additionnel.* »

M. Lebeuf. « Je demande qu'il soit bien établi que le petit nombre d'actions » qui seules ont payé le droit que le Gouvernement a demandé, c'est-à-dire le » droit de dimension, le droit de 35 centimes par exemple, soient exemptées de » *tout droit ultérieur,* et qu'on ne puisse pas venir leur dire : *Vous aurez 50 cen-* » *times à payer pour 1,000 francs.* »

M. le Ministre des Finances. « Il ne peut pas y avoir *l'ombre d'un doute* sur » l'observation de M. Lebeuf; il est bien entendu que les *Compagnies qui se sont* » *conformées aux lois existantes ont acquis le bénéfice de ces lois,* et que l'article » que nous venons de voter ne peut s'appliquer qu'a celles qui ne s'y sont pas » conformées. »

était avantageux aux Compagnies de chemins de fer et autres, dont les actions ne s'élèvent qu'à 500 francs, le droit proportionnel devenait extrêmement inique à l'égard d'autres sociétés commerciales et industrielles dont les actions forment des coupons de 1,000, 2,000, 3,000, 10,000 et même de 25,000 francs : celles-là se voyaient condamnées à payer trois fois, dix fois, vingt fois le montant du droit de timbre de dimension de 35 centimes, lequel pouvait seul leur être légalement appliqué. Dégrever outre mesure certaines sociétés en aggravant considérablement la situation de plusieurs autres, c'est un procédé qui n'a rien d'équitable.

Le Président. « Il suffirait peut-être d'ajouter à l'amendement de M. Chégaray :
» *Ainsi qu'il est dit en l'article* 1ᵉʳ, *qui établit la proportionnalité.* » (Oui! oui!)

« Je mets cette rédaction aux voix. »

La modification est adoptée. (Voir le *Moniteur*, page 1933, 3ᵉ colonne.)

Une contestation s'établit après ce vote sur le sens et la portée de la modification. Un membre de l'Assemblée, après s'être plaint de ce que l'amendement de M. Chégaray n'avait pas été imprimé, affirma que la modification *constituait un système tout autre,* ce qui était vrai. M. Chégaray soutint le contraire, mais aucun vote ultérieur de l'Assemblée n'intervint sur cette contestation posthume : si bien que la modification proposée par M. Dupin et adoptée par l'Assemblée est devenue le texte définitif de l'article 20 de la loi du 5 juin dernier (1).

Il suit de ce qui précède 1° que cet article 20 ne concerne en rien les sociétés ayant acquitté le droit de timbre de dimension ; 2° que la dernière rédaction a été votée précisément dans l'intention que cet article ne pût être appliqué à ces mêmes sociétés, et 3° enfin que l'amendement de M. Dupin a fait disparaître l'assertion erronée contenue dans la rédaction de M. Chégaray, portant que le droit proportionnel *avait été prescrit par les anciennes lois.* En effet, à ces mots : *Droit proportionnel fixé par les lois existantes,* M. Dupin a substitué ceux-ci : *Conformément à l'article* 1ᵉʳ, lequel, selon sa juste observation, *établissait le principe de la proportionnalité.*

Ceux qui soutiennent aujourd'hui que la loi du 5 juin a déclaré que l'ancienne législation sur le droit de timbre avait, dès l'origine, assujetti les actions à l'obligation de payer *le droit proportionnel,* n'ont fait attention qu'à la rédaction de M. Chégaray, sans songer le moins du monde à la rédaction définitive votée par l'Assemblée sur la proposition de M. Dupin : *C'est celle-là qui est devenue loi.*

---

(1) Ce texte est ainsi conçu : « Il est accordé un délai de six mois pour faire timbrer ou viser pour
» timbre sans amende et au droit proportionnel de 5 centimes par 100 francs, conformément à
» l'article 1ᵉʳ, les titres ou certificats d'actions qui auront été, *en contravention aux lois existantes,*
» *délivrés antérieurement au* 1ᵉʳ *janvier* 1851. »

(19)

§ V.

Conclusion.

Mais pour faire justice il ne suffirait pas que M. le Ministre ordonnât à l'Administration du Timbre de continuer comme par le passé à ne demander à la Banque qu'un droit de timbre de dimension, il faut encore que ce droit ne soit exigé que pour chaque certificat et non pour chaque action.

En effet, si le dernier projet de loi du Gouvernement réclamait la perception d'un droit de timbre de dimension *pour chaque action,* il faut observer que cette prescription ne devait être applicable qu'aux sociétés en contravention. Le Gouvernement, en leur faisant remise de l'amende qu'elles avaient encourue, avait acquis le droit de leur demander davantage que ce que comportait l'ancienne législation, savoir : un droit de dimension par action, au lieu d'un droit de dimension *par certificat d'action.*

Cette nouveauté d'un droit *de timbre fixe par action,* proposée exclusivement pour les sociétés en contravention, étant écartée, quel texte de loi reste-t-il à appliquer? Uniquement l'article 12 de la loi du 13 brumaire an VII. Et pourquoi cet article est-il applicable? Parce que l'action dès l'origine a été considérée *comme un extrait de l'acte de société;* c'est ce que les plus anciens Ministres des Finances, c'est ce que le baron Louis, c'est ce que les deux prédécesseurs du Ministre actuel et le ministre lui-même ont formellement déclaré ; c'est enfin ce que l'Administration a toujours pratiqué à l'égard de la Banque. Or, nous le demandons, où est la loi qui prescrive *de diviser ces extraits en autant de coupures qu'il existe d'actions?* Où trouver un texte législatif qui interdise *de réunir plusieurs actions dans le même certificat?* N'est-il pas de l'essence des certificats de comprendre, selon les droits des personnes qui les demandent, des portions plus ou moins considérables du capital social et par conséquent des sommes plus ou moins élevées? Quand on rédige un contrat quelconque ou quand on en délivre un extrait, l'Administration a-t-elle jamais demandé que le droit de dimension variât selon que ce contrat ou cet extrait mentionnerait une somme de 1 million ou bien une somme de 100 francs seulement? Non, l'Administration n'a jamais réclamé qu'un droit fixe et unique pour chaque feuille de papier, droit réglé selon la dimension de ce même papier, conformément au tarif déterminé par la loi du 28 avril 1816.

La proposition d'apposer sur la même feuille de papier vingt, trente, cinquante et même cent timbres de dimension les uns à côté des autres, ou, ce qui revient absolument au même, exiger un visa pour timbre équivalant en somme à vingt, trente fois, etc., le montant du timbre de dimension, ce serait méconnaître et détruire la base fondamentale de la législation qui régit le timbre fixe ; ce serait un acte arbitraire, illégal, injuste, et une transformation du droit de timbre de dimension en un droit proportionnel (1).

Ces vérités ont déjà été proclamées à la tribune ; elles n'y ont point été réfutées (2).

---

(1) Voyez d'ailleurs l'inconséquence : Si l'action déjà timbrée, et, par conséquent, non soumise à l'application de l'article 20 de la nouvelle loi, représente une somme de 3,000, de 10,000 et de 25,000 (il existe des coupures aussi élevées) à chaque mutation, l'Administration continuera à percevoir un droit unique de dimension ; mais si un certificat mentionne 25 actions de 1,000 francs chacune, représentant également la somme de 25,000 francs, l'Administration, à chaque renouvellement, exigerait 25 fois le droit de dimension.

(2) « Je ne puis accepter cette argumentation » (a dit le Rapporteur de la Commission, *Moniteur*, page 1932, 3ᵉ colonne, en répliquant à un discours qui tendait à démontrer la nécessité de la perception du droit fixe pour chaque action) ; « cette argumentation est en opposition manifeste avec les » principes qui régissent les lois du timbre ; toutes les lois du timbre n'ont jamais reconnu que deux » sortes de droits : le droit proportionnel et le droit de dimension. Le droit proportionnel est calculé » sur la valeur de l'obligation, sur le chiffre que renferme cette obligation ; le timbre de dimension » est déterminé par le format de la feuille de papier dont on se sert. Quand la loi n'exige pas le » timbre proportionnel, mais le timbre de dimension, vous pouvez faire sur ce papier toutes les con- » ventions que vous jugez convenables ; si vous faites un contrat ordinaire, on peut porter dans l'acte » toutes les énonciations possibles sans payer un nouveau droit ; mais, en principe, est-ce le timbre » de dimension ou le timbre proportionnel qui est exigé pour ces actions ? M. le Ministre des Fi- » nances convient que c'est un timbre de dimension..... » Plus loin, le Rapporteur ajoute : « Eh bien ! » M. le Ministre des Finances vient vous demander un droit par chaque action, de sorte qu'il n'y aura » qu'une seule feuille de papier employée pour soixante-dix actions, et on vient vous proposer de » faire *payer soixante-dix fois le prix de cette feuille de papier timbré ;* ceci est évidemment con- » traire aux *principes de la loi du timbre. Il ne peut y avoir qu'un timbre de dimension ou un* » *timbre proportionnel,* et ici je ne comprends pas (l'exigence du payement) d'un timbre propor- » tionnel, je ne comprends que (l'exigence) d'un timbre de dimension ; je ne comprends pas que, » pour un certificat qui constate soixante-dix actions, on m'oblige à payer soixante-dix fois une » feuille de papier, lorsque je n'ai besoin *que d'une seule feuille timbrée.* Cela me paraît *en contra-* » *diction avec tous les principes de la matière.* » — Qu'a-t-on répondu à cette démonstration pé- remptoire ? Rien que des considérations d'équité non applicables, puisqu'il s'agissait de constater et de reconnaître les principes de la législation du timbre.

Enfin que l'Administration veuille bien considérer que la persistance dans une exigence illégale n'aurait pas même pour excuse un intérêt fiscal d'une certaine importance. Le nombre des sociétés qui se sont conformées à l'ancienne législation n'est pas considérable ; le nombre des sociétés ayant obéi à la loi, *et qui délivrent des certificats d'actions* (au lieu de distribuer aux parties intéressées des actions séparées), est plus borné encore ; enfin la durée des contrats qui régissent ces sociétés n'est pas illimitée. L'injustice, quel que soit le profit qu'elle puisse rapporter, doit toujours être consciencieusement évitée. L'Administration française a constamment tenu à honneur de repousser toute rétroactivité, d'observer fidèlement les contrats et de respecter religieusement le texte des lois relatives aux impôts. Dans le cas actuel, l'arbitraire substitué aux lois serait une exception aussi déplorable qu'inexplicable. L'Administration ne persistera pas dans ses prétentions, telle est notre ferme croyance.

Si, ce qu'à Dieu ne plaise, cette controverse dégénérait en procès, le Trésor et la Banque se trouveraient l'un vis-à-vis de l'autre dans une bien singulière situation : que l'on veuille bien y songer un moment.

La Banque, en plaidant sa cause, fonderait son bon droit sur les assertions du Gouvernement relatives à l'ancienne législation, et consignées dans deux exposés des motifs et dans deux projets de loi soumis à l'Assemblée nationale ; la Banque aurait encore à invoquer l'explication solennelle donnée à la tribune par M. le Ministre des Finances, dans la séance du 4 juin dernier, et portant que l'article 20 de la loi ne peut être appliqué aux sociétés actuelles qui ont fait timbrer leurs actions ; elle rappellerait aussi la demande d'un article additionnel produite par le même Ministre, et l'adhésion de celui-ci à la rédaction proposée par M. le Président Dupin, laquelle avait pour but d'introduire dans la loi la déclaration ministérielle ou l'équivalent ; telles seraient les armes de la Banque : le beau rôle serait de son côté, puisqu'elle aurait à défendre la sagesse, la véracité et la droiture de l'Administration ainsi que la loyauté du Ministre : cette tâche, à coup sûr, serait facile à remplir.

L'avocat du Trésor, au contraire, serait obligé de solliciter la justice d'infliger un blâme moral à l'Administration et au Gouvernement lui-même ; l'organe du fisc serait tenu de démontrer au Tribunal que l'Administration s'est rendue coupable de légèreté et d'ignorance en produisant devant l'Assemblée des assertions contraires à la vérité ; il faudrait qu'il prouvât, en outre, que les déclarations les plus formelles d'un Ministre n'ont ni poids ni valeur, qu'elles ne le lient en rien, et qu'après les avoir faites, il peut les déclarer nulles et non avenues.

Mais à quoi bon examiner une hypothèse impossible? Je le répète, ma conviction pleine et entière est que la droiture si connue du Ministre fera justice des prétentions mal fondées de M. le Directeur du Timbre.

Paris, 24 novembre 1850.

Paris. — Imprimé par Plon frères, 36, rue de Vaugirard.